Stuttgart

Fotos von Niels Schubert
Texte von Torsten Schöll
Deutsch – englisch – französisch

Stuttgart

Photographs by Niels Schubert
Text by Torsten Schöll
German—English—French

Stuttgart

Photographies de Niels Schubert
Textes de Torsten Schöll
En allemand – anglais – français

Silberburg-Verlag

Auf ein Wort

»Da unten, also im Südwesten, ist irgendein olles Mickergebirge, und in dem Gebirge ist ein Loch. Und in dem Loch liegt ...« Vermeintlich unfreundlicher hätte der Berliner Satiriker Max Goldt nicht über Stuttgart urteilen können. Tatsächlich ist es nämlich ein ungelöstes Rätsel, warum es in Deutschland über die Hauptstadt des Bundeslandes Baden-Württemberg meist stante pede heißt, sie sei nicht halb so aufregend wie Hamburg, München oder Berlin. Denn Stuttgart wird Jahr für Jahr in den einschlägigen Umfragen und Erhebungen auch nicht-schwäbischer Massenmedien als deutsche »Wohlfühlstadt« par excellence gepriesen: mit Bestnoten, was Lebensqualität und Einwohnerzufriedenheit angeht. Das Rätsel, so viel steht fest, bleibt vorerst ungelöst. Auf so genannte alteingesessene Stuttgarter wirkt zu viel Lob ohnehin unheimlich, zweifeln sie doch leidenschaftlich gerne selbst an den Qualitäten ihrer Stadt. Wem also ist Stuttgart unbekannter, wem fremder? Ons odr de Auswärdige?, könnte ein knitzer Hauptstädter im besten Honoratiorenschwäbisch fragen.

Sicher, die Wald- und Rebenromantik, für die Stuttgart jahrzehntelang Sinnbild war, existiert noch immer. Schöner ist die Stadt nirgends als betrachtet von ihren Hügeln aus. Diese für eine Großstadt fast absurd malerische Lage, der Stuttgart paradoxerweise ein Gutteil seines provinziellen Rufs zu verdanken hat, ist heute aber für die meisten der rund 550 000 Bewohner Stuttgarts im Wortsinn zum schönen Randaspekt ihres durch und durch urbanen Lebens geworden.

Den Sprung vom zu groß geratenen Dorf zur veritablen Großstadt hat Stuttgart in den letzten zwei Jahrzehnten vor allem der Internationalisierung seiner Bewohner zu verdanken. Diese Entwicklung teilt die Stadt zwar mit allen Metropolen in Deutschland. Kaum eine andere deutsche Großstadt hat sich dadurch aber so grundlegend und nachhaltig gewandelt wie Stuttgart. Meist zu ihrem Vorteil, sei betont. Besonders während des warmen Sommers trifft man auf den Flaniermeilen der Stadt seitdem italienische Schwaben fast so häufig wie schwäbische Italiener. Soll heißen: Kehrwoche und Dolce Vita, Häuslesbauen und Savoir-vivre sind in Stuttgart eine Symbiose eingegangen, die der klimatisch ohnehin begünstigten Großstadt zu einer nicht für möglich gehaltenen Blüte verholfen hat. Von dieser Blüte erzählt dieses Buch in einzigartig stimmungsreichen Bildern. Es zeigt die keineswegs nur bildhaft gemeinte Vielfarbigkeit der unterschiedlichen Gesichter dieser Stadt und ihrer Winkel. Niels Schubert, der Fotograf dieses Bildbandes, hat nicht mit dem Auge des Touristen nach den reizvollsten Motiven gesucht. Es sind die Momente, die für ihn zählen. Augenblicke, im Bild festgehalten, in denen die Zuneigung des Fotografen zu seiner Stadt am größten war.

Just a word

"And down there, I mean in the Southwest, there are some puny old mountains, and in these mountains there's a hole. And in the hole, lies ..." Presumably, the Berlin satirist Max Goldt couldn't have passed harsher judgement on Stuttgart. But in fact it remains an unsolved mystery why, without a second thought, people in Germany claim that Baden-Württemberg's regional capital is not half as exciting as Hamburg, Munich or Berlin and yet, year after year in all the respective surveys and statistics, including those from non-Swabian mass media, Stuttgart is extolled as the number 1 "liveable" German city. It gets top marks for quality of life and contentedness of its inhabitants.

Of course, the romantic idyll of woods and vines still exists in Stuttgart. Nowhere is the city more beautiful than when viewed from its hills. However, for most of Stuttgart's roughly 550,000 inhabitants, this setting—to which Stuttgart paradoxically owes a good portion of its provincial reputation and which, for a city, is almost absurdly picturesque—has now literally become a pleasant peripheral aspect of their thoroughly urban lives.

In the last two decades Stuttgart has gone from being an oversized village to becoming a veritable city. This great leap it owes, above all, to the internationalisation of its inhabitants. Stuttgart undoubtedly shares this factor with all the other metropolises in Germany. However, hardly any of the other German cities have changed so fundamentally and sustainability. And mostly to the city's advantage, may it be stressed. Especially during the warm summer months you will now just as frequently encounter Italian Swabians as Swabian Italians when strolling down the shopping miles. This is to say that here the Swabian custom of the "Kehrwoche" and la dolce vita, the "Häuslesbauen" tradition (so to speak, the Swabian's aim of building his own little house) and savoir vivre have developed in symbiosis, a trend which has helped the city, already favoured due to its climate, to blossom in a way that was not considered possible.

It is of this very blossoming that the book in your hand speaks, employing the language of pictures that are astoundingly atmospheric. It portrays, in no way only in visual terms, the multicolour of the various different "faces" of this city and its many little corners. Niels Schubert, the photographer of this illustrative volume, did not go about searching for the most attractive motifs as through the eyes of a tourist. For him it is individual moments that count. Capturing, in pictures, those instances in which the photographer's love of his city was at its greatest.

En un mot

« En bas, dans le sud-ouest, se trouve une petite montagne de rien du tout, et dans cette montagne, il y a un creux. Et dans ce creux, il y a ... » Le satiriste berlinois Max Goldt aurait difficilement pu exprimer un jugement plus désagréable sur Stuttgart. Paradoxe surprenant : dès qu'on les interroge sur la capitale du Bade-Wurtemberg, les Allemands s'empressent généralement de dire q'elle n'arrive pas à la cheville d'Hambourg, de Munich ou de Berlin, et cependant, dans les sondages, ils la considèrent comme la ville allemande du bien-être par excellence. Même dans les médias non souabes, elle occupe la première place en matière de qualité de vie et de satisfaction de ses habitants. Trop de louanges rendent les Stuttgartois de souche méfiants, car ils cultivent l'art de douter des qualités de leur ville. A se demander qui – de ses habitants ou des étrangers – méconnaît le plus Stuttgart ?

La ville est toujours nimbée du romantisme des forêts et des vignobles dont elle a longtemps été le symbole. Rien n'est plus beau que de la contempler du haut des collines. Cet écrin pittoresque, presque inconvenant pour une grande métropole, fonde en grande partie sa réputation provinciale. Cependant, pour bon nombre des 550 000 habitants, ce cadre est devenu un aspect agréable mais désormais marginal de leur vie complètement urbaine.

Au cours des vingt dernières années, le village devenu trop grand s'est transformé en une véritable métropole, grâce à un développement cosmopolite et international. Il en va de même de toutes les métropoles d'Allemagne, mais peu de grandes villes se sont métamorphosées d'une façon si profonde et si durable. Il faut souligner que ce changement est largement à son avantage. Surtout pendant les beaux jours d'été, où flânent sur les boulevards presque autant de Souabes italiens que d'Italiens souabes. Une symbiose réussie entre « Kehrwoche » (vivante tradition souabe de balayer le trottoir et les escaliers devant sa porte) et dolce vita, « Häuslesbauen » (construire sa maison) et savoir vivre. Et cette grande ville, déjà privilégiée d'avance par son climat, s'est épanouie de manière inattendue. L'atmosphère exceptionnelle des splendides photos de ce livre illustre cette éclosion. Il montre les différents visages et les moindres recoins de Stuttgart, une ville haute en couleur dans tous les sens du terme. Niels Schubert, l'auteur des photos, ne contemple pas Stuttgart avec l'oeil d'un touriste à l'affût des sujets les plus pittoresques. Ce sont les impressions qui comptent pour lui. Saisir au vol des instants particuliers qui témoignent de l'amour profond qu'il porte à sa ville.

Süden, Wasser, Liebe: Der Sommer im Stadtkessel ist mitunter heiß.

The south, water, love: Summer can be hot from time to time down in the basin where the town lies.

Le sud, l'eau, l'amour : l'été est parfois chaud dans la ville encaissée.

BW|Bank
BW|Bank
Baden-Württembergische Bank

SATURN
GLORIA

Die Königstraße, die den Schlossplatz quert,
ist Flaniermeile und ökonomisches Zentrum Stuttgarts.

Crossing the Schlossplatz, Königstraße represents
the shopping mile and economic centre of Stuttgart.

La Königstraße traverse la place du Château. Elle est à la fois
centre économique de Stuttgart et lieu de flânerie.

Vorhergehende Doppelseite:
An den klassizistischen Königsbau grenzen seit April 2006
die Königsbau-Passagen, deren dominierende
Glasdachkonstruktion für Kontroversen in der Stadt sorgte.

Previous double page:
Adjoining the classical Königsbau since April 2006, you will find
the Königsbau Arcades, the boldly dominating glass roof construction
of which has been a subject of controversy in the town.

Double page précédente:
Depuis avril 2006, les Königsbau-Passagen sont accolés
au Königsbau, un édifice du classicisme.
Leurs hautes verrières ont alimenté la controverse.

Der Schlossplatz mit Neuem Schloss ist
das pulsierende Herz der Landeshauptstadt
und damit des Bundeslandes Baden-Württemberg.

The castle square, Schlossplatz, with the Neues Schloss
is the pulsating heart of the regional capital
and thus also of Baden-Württemberg itself.

La place du Château et le Château neuf
sont le cœur du Land du Bade-Wurtemberg
et de sa capitale.

TURBO
DIE LUFT IST
SODOM UND
WIND
SOMMER
STADION
PRESSEN

Das Kunstmuseum am Schlossplatz präsentiert unter anderem eine beeindruckende Sammlung von Bildern des Malers Otto Dix.

The Museum of Art on the Schlossplatz displays, among others, an impressive Otto Dix collection.

Sur la place du Château, le Musée des Beaux-arts présente, entre autres, une collection impressionnante de tableaux du peintre Otto Dix.

Architektur schafft Kontraste: Die Kolonnaden des Königsbaus konkurrieren mit dem Glaskubus des Kunstmuseums um die Aufmerksamkeit der Passanten.

Architecture creates contrasts: The colonnades of the Königsbau compete with the Museum of Art's glass cube for the attention of passers-by.

L'architecture fait naître des contrastes : les colonnades du Königsbau et le cube de verre du Musée des Beaux-arts se disputent l'attention des passants.

BAI

Raum für Kunst und Kunstwerk:
Im 2005 eröffneten Kunstmuseum ist die städtische Kunstsammlung ausgestellt.

Space for art and artwork:
Inaugurated in 2005, the Museum of Art exhibits the municipal art collection.

Une œuvre d'art consacrée à l'art : le Musée des Beaux Arts, inauguré en 2005, abrite la collection d'œuvres d'art de la ville.

Treffpunkt Freitreppe am Schlossplatz.
Ein Ort wie geschaffen, um Kontakte zu knüpfen

Meeting point: open stairs on the Schlossplatz.
A place as if created for the purpose of establishing contacts

Rendez-vous sur les marches de la place du Château, un lieu qui se prête aux rencontres

DREIPUNKT

Liebesgrüße aus Stuttgart:
der Blumenmarkt
auf dem Schillerplatz

Lots of love from Stuttgart:
the flower market
in the Schillerplatz

Pensées affectueuses
de Stuttgart :
le marché aux fleurs
de la Schillerplatz.

Die Königbau-Passagen – Stuttgarts größtes Einkaufszentrum in der Stadtmitte

The Königsbau-Passagen—Stuttgart's biggest shopping centre in the midst of the city

Les Königsbau-Passagen, le plus grand centre commercial au centre de Stuttgart

Im ehemaligen Kornspeicher am Schillerplatz, Fruchtkasten genannt, ist die wertvolle Instrumentensammlung des Württembergischen Landesmuseums untergebracht.

Known as the "Fruchtkasten", the former corn exchange on the Schillerplatz houses the valuable musical instrument collection of the Württemberg regional museum.

La précieuse collection d'instruments de musique du Musée du Land de Wurtemberg est exposée dans l'ancien grenier à grain de la Schillerplatz, surnommé la « caisse de fruits ».

Die Alte Kanzlei am Schillerplatz aus dem 16. Jahrhundert. Daneben die kaum weniger alte Merkursäule, die ursprünglich als Wasserturm diente

The chancellery, Alte Kanzlei, on the Schillerplatz, dates back to the 16th century; next to this stands the almost equally old Merkursäule, a column, which originally served as a water tower.

La vieille chancellerie du 16e siècle, sur la Schillerplatz et, non loin, la Merkursäule presque tout aussi ancienne qui servait autrefois de château d'eau.

ALTE KANZLEI

Rebenromantik und Weinseligkeit: Ende August bis Mitte September ist das Weindorf gleichermaßen Anlaufstation für Alteingesessene und Auswärtige.

Romantic vines and wine-drenched merriment: From the end of August to mid-September the "Weindorf" is a popular destination for the locals and visitors alike.

Au septième ciel du vin, sous la treille : de la fin août à la mi-septembre, le village des vignerons (« Weindorf ») attire aussi bien les gens du coin que les visiteurs.

Der berühmte Stuttgarter Weihnachtsmarkt ist nicht nur einer der größten, sondern auch einer der schönsten in Deutschland.

Not only is the famous Stuttgart Christmas market one of the largest, it is also one of the loveliest of its kind in Germany.

Le célèbre marché de Noël de Stuttgart n'est pas seulement l'un des plus grands, mais aussi l'un des plus beaux d'Allemagne.

Winterimpression von den ungleichen Türmen der Stiftskirche, Stuttgarts ältestem Kirchenbauwerk

An impression of winter: the different sized steeples of the collegiate church, Stuttgart's oldest church building

Impression hivernale des tours inégales de la collégiale, la plus ancienne église de Stuttgart

Gruftig, könnte man sagen: die Tumba des Stifterpaares Graf Ulrich mit dem Daumen und Agnes von Liegnitz in der Stiftskirche

Cryptic, you could say: the sarcophagi of the donators, the couple Graf Ulrich mit dem Daumen and Agnes von Liegnitz, in the collegiate church

Tombal, pourrait-on dire : dans la collégiale, les sépultures du couple de donateurs, Comte Ulrich avec le pouce et Agnes von Liegnitz

Die ältesten Bauteile der evangelischen Stiftskirche stammen aus den Jahren um 1175.

The oldest sections of the Protestant collegiate church date back to the years around 1175.

Les parties les plus anciennes de la collégiale protestante (Stiftskirche) datent de 1175.

Säulengang, Schattenspiel:
Das Glanzstück des Alten Schlosses ist der Hof mit seinen Arkadengängen.

A colonnade, a mingling of shadows:
The star attraction of the Altes Schloss is its courtyard with the arcades.

Péristyle et jeux d'ombres :
la cour et sa galerie d'arcades sont le joyau de l'ancien château.

Im Alten Schloss befindet sich das Württembergische Landesmuseum und seine reichhaltige Sammlung, zu der auch der Kronschatz der württembergischen Könige gehört.

The Altes Schloss accommodates the Württemberg regional museum with its vast collection, which also includes the crown jewels of the Württemberg kings.

L'ancien château abrite le Musée du Land de Wurtemberg et sa riche collection, qui comprend le trésor des rois du Wurtemberg.

Die Schlosskapelle im Alten Schloss, die 1562 fertig gestellt wurde, war der erste protestantische Kirchenneubau des Landes.

The castle chapel in the Altes Schloss, which was completed in 1562, was the first Protestant church building in the region.

La chapelle de l'ancien château, terminée en 1562, fut la première église protestante du Land.

Dieses oder jenes? Silber oder Blech? Die Schatzsuche auf dem samstäglichen Flohmarkt auf dem Karlsplatz kann sich lohnen.

This one or that one? Silver or tin? It could well worth hunting for treasure at the flea market that takes place on the Karlsplatz every Saturday.

Bric-à-brac? De l'argent ou du toc? La recherche de la perle rare sur le marché aux puces du samedi est parfois couronnée de succès.

»Una festa sui prati«: Im August laden die italienischen Spitzen-gastronomen aus Stuttgart und Umgebung auf den Karlsplatz. Tanz und Musik und bella Italia!

»Una festa sui prati«: In August top Italian names in gastronomy from in and around Stuttgart invite you to a special event in the Karlsplatz with dancing, music and bella Italia!

« Una festa sui prati » : en août, les meilleurs chefs italiens de Stuttgart et de sa région, vous invitent sur la Karlsplatz. Danses, musique et vive l'Italie !

In der Mitte des Karlsplatzes steht das Reiterdenkmal zu Ehren von Kaiser Wilhelm I. Dahinter das Alte Schloss, das auf eine Wasserburg aus dem 10. Jahrhundert zurückgeht.

On the middle of the square, Karlsplatz, stands equestrian statue of Kaiser Wilhelm I. Behind it, the Altes Schloss, which has its origins in a 10th century water tower.

Au centre de la Karlsplatz, la statue de l'Empereur Guillaume Ier à cheval. En toile de fond, le vieux château édifié sur les bases d'une fortification entourée de douves du 10e siècle.

LOTTO

Oliven, Pasteten, Trüffel: Die Markthalle in der Dorotheenstraße
ist ein Feinschmeckerparadies.

Olives, pâtés, truffles: The market in the Markthalle,
in Dorotheenstraße is a gourmet's paradise.

Olives, pâtés, truffes : le marché couvert de la Dorotheenstraße
est un paradis pour les gourmets.

Sonnendurchfluteter Arkadengang
an der Markthalle

The arcades along the Markthalle,
flooded by sunlight

Galerie d'arcades inondées de soleil
du marché couvert

Folgende Doppelseite:
Bei Breuninger am Marktplatz ist der Begriff »Einkaufstempel« goldrichtig.
Das Atrium des Kaufhauses und die Karlspassage ziehen Blicke auf sich.

Next double page:
For Breuninger, on the market square, the term "shopper's haven"
fits perfectly. The atrium of this department store and the arcade,
Karlspassage, draw attention to themselves.

Double page suivante:
Breuninger, sur la place du marché, un vrai temple de la consommation.
L'atrium du grand magasin et le Karlspassage attirent les regards.

Pause im Großen Sitzungssaal des Rathauses. Dort tagen die Stadträte und die Bürgermeister Stuttgarts.

The conference hall in the town hall during a break. Here, councillors and mayors hold their sessions and meetings.

La grande salle de l'hôtel de ville, où siègent les conseillers et les maires de Stuttgart, fait une pause.

Handeln, Feilschen, Schnäppchen machen: Zweimal im Jahr, im Frühling und Herbst, sind Marktplatz, Karlsplatz, Schillerplatz und die Straßen dazwischen fest in der Hand der Flohmarkthändler.

Haggling, bargaining and a good buy: Twice a year, in spring and autumn, the Marktplatz, Karlsplatz, Schillerplatz and the streets in between turn into a big flea market.

Marchander, faire des affaires, saisir les occasions : au printemps et en automne, le quartier de la place du marché, de la Karlsplatz et de la Schillerplatz se transforme en grand marché aux puces.

Blick auf den Marktplatz
und das Rathaus (links im Bild)

View of the market place
and the town hall (to the left of the photo)

Vue sur la place du marché
et de l'hôtel de ville (à gauche sur la photo)

Ein Kopf wie kein zweiter in Stuttgart: Der Philosoph Georg Wilhelm Friedrich Hegel wurde 1770 in der Eberhardstraße 53 geboren. Das Haus ist heute eine Gedenkstätte.

A mind second to none in Stuttgart: The philosopher Georg Wilhelm Friedrich Hegel was born in Eberhardstraße 53 in 1770. Today the house serves as a memorial.

Il n'y en a pas deux comme lui à Stuttgart: le philosophe Georg Wilhelm Friedrich Hegel est né en 1770 au 53 de l'Eberhardstraße.
La maison est devenue un lieu de commémoration.

Passanten, Gesichter, Farben –
Stuttgarts Talkessel ist ein Schmelztiegel der Kulturen.

Passers-by, faces, colour—
Stuttgart's valley basin is a cultural melting pot.

Des passants, des visages, des couleurs –
la ville encaissée de Stuttgart est un melting-pot de cultures.

Stuttgarts Centre Pompidou: Der Treffpunkt Rotebühlplatz ist Volkshochschule, Mediothek und Kultureinrichtung in einem.

Stuttgart's Centre Pompidou: Meeting point Treffpunkt Rotebühlplatz is an institute of adult education, a media library and cultural centre all in one.

Le «Centre Pompidou» de Stuttgart : ce lieu de rencontre sur la Rotebühlplatz, est à la fois Université Populaire, médiathèque et centre culturel.

Wie in alten Tagen leuchtet nächtens der Tagblatt-Turm. Er war 1927/28 das erste in Sichtbeton-Bauweise errichtete Hochhaus Deutschlands.

As in the olden days the Tagblatt-Turm lights up at night. Built in 1927/28, it was the first high-rise building in Germany to be constructed using exposed concrete.

La tour de la Tagblatt brille dans la nuit, comme autrefois. Elle fut le premier gratte-ciel en béton brut d'Allemagne (1927–1928).

B
B

Einkaufen kann man in Stuttgart in jeder Preisklasse.

You can shop in Stuttgart in every price category.

A Stuttgart, il y en a pour toutes les bourses.

Schicke Geschäfte und historisches Flair in der Fußgängerzone Calwer Straße

Chic boutiques and historical flair in the Calwer Straße pedestrian precinct

La zone piétonne historique de la Calwer Straße et ses boutiques chics

Wie sagte eine junge Berlinerin kürzlich: »Club Ciné Colibri – für Stuttgart ziemlich cooler Club.« War das ein Kompliment? Alte Poststraße 3

What was it that a young woman from Berlin recently remarked: "Club Ciné Colibri—quite a cool club, for Stuttgart." Now, was that meant as a compliment? Alte Poststraße 3

« Club Ciné Colibri, pour Stuttgart c'est un endroit cool ! », parole de jeune Berlinoise. Etait-ce un compliment ? Alte Poststraße 3

PRADA
NEW COLLECTION
NEW COLLECTION

Stuttgart liegt im Süden.
Die Begleitmusik liefern die
Straßenmusiker.

Stuttgart lies in the south.
The musical accompaniment
is supplied by buskers.

Stuttgart se trouve dans le sud.
Les musiciens de rue
nous accompagnent de
leur musique.

Zur Fastnacht halten die schwäbisch-alemannischen
Narren Einzug in Stuttgart. Hier sind freilich
die Faschingsmuffel noch immer in der Überzahl.

During carnival the Swabian-Alemannic »Fasnet«
comes to town. There, of course, they are still
outnumbered by so-called »carnival grouches«.

Avant le carême, le carnaval souabe-aléman envahit
les rues de Stuttgart. Mais il est loin de faire l'unanimité.

Der »Denkpartner« von Hans-Jörg Limbach regt zum Sinnieren an. Oder juckt es gar nur hinterm Ohr?

The statue of Hans-Jörg Limbach encourages you to stop and ponder. Or is she just scratching her ear?

Cette statue (« Partenaire de pensée ») d'Hans-Jörg Limbach invite à la réflexion. Ou bien se gratte-t-elle seulement l'oreille?

Artistik, Zauberkunst und ein Schuss Erotik: Das alte Friedrichsbau-Varieté war legendär, das neue knüpft an alter Stätte seit 1994 an die Vorkriegstradition an.

Artistry, magic and a touch of the erotic: The reputation of the old Friedrichsbau-Varieté was legendary; since 1994 the new theatre, located on the same site, has carried on from where the pre-war tradition left off.

Acrobaties, magie et un brin d'érotisme : l'ancien théâtre de variétés Friedrichsbau avait une réputation légendaire. Depuis 1994, le nouvel établissement renoue avec la tradition d'avant-guerre.

Peek&Cloppenburg
MANGO
Peek&Cloppenburg
P.C
Regus

»Sky beach« auf dem Kaufhof-Parkdeck in der unteren Königstraße: Sommer, Strand und Palmen

"Sky beach" on the top deck of the Kaufhof multi-storey car park, at the lower end of Königstraße: summer, beach and palm trees

« Sky beach » sur le parking du grand magasin Kaufhof, dans le bas de la Königstraße: l'été, la plage et des palmiers

Shopping, Königstraße:
Wer hier nichts findet, hat nicht gesucht.

Shopping, Königstraße:
If you can't find anything at all here, then you can't really have looked.

Shopping dans la Königstraße :
en cherchant bien, on y trouve tout.

Klein, aber eine Institution in der Schwabenmetropole: das Brezelkörble in der Königstraße

Small and yet an institution in the Swabian metropolis: the little pretzel stand, "Brezelkörble", in Königstraße

Petit, mais quelle institution dans la métropole souabe : la Brezelkörble dans la Königstraße

Blick vom Bahnhofsturm auf die Königstraße: Stuttgarts Shopping-Meile

View from the railway station tower towards Königstraße: Stuttgart's shopping mile

De la tour de la gare, vue sur la Königstraße: rue commerçante de Stuttgart

Seite 43:
56 Meter über dem Grund ziert das Dach des Bahnhofturms ein beständig rotierender Mercedes-Stern.

Page 43:
At a height of 56 metres, a constantly rotating Mercedes star adorns the roof of the railway station tower.

Page 43:
L'étoile Mercedes tourne en continu sur le toit de la tour de la gare, à 56 m au-dessus du sol.

buchhaus
wittwer
Wesser

www.versatel.de

Paul Bonatz und
Friedrich Eugen Scholer
planten den 1927 fertig
gestellten Kolossalbau
des Stuttgarter
Hauptbahnhofs.

Paul Bonatz and
Friedrich Eugen Scholer
designed Stuttgart's huge
main station which was
completed in 1927.

Paul Bonatz et
Friedrich Eugen Scholer
ont dessiné les plans
de la gare centrale de
Stuttgart, un bâtiment
colossal achevé en 1927.

Verkehrsknoten Arnulf-Klett-Platz: Im Untergrund treffen U- und S-Bahnen aus der ganzen Stadt zusammen.

Traffic intersection at the Arnulf-Klett-Platz: a main subterranean junction for underground trains and trams serving the whole of the city

Arnulf-Klett-Platz, une plaque tournante : sous terre convergent les lignes de U-Bahn et de S-Bahn de toute la ville.

Morgenstimmung über den Gleisanlagen
am Hauptbahnhof

Mood of morning
over the track systems at the main station

Atmosphère du matin sur les
installations ferroviaires de la gare centrale

Die Hospitalkirche aus dem späten 15. Jahrhundert fiel 1944 einem Bombenangriff zum Opfer.

The Hospitalkirche, dating from the late 15th century was destroyed in an air raid in 1944.

L'Hospitalkirche, église de la fin 15e siècle, fut touchée par une bombe en 1944.

Hinter dem Hauptbahnhof erstreckt sich das neue Bankenviertel rund um den Pariser Platz. Sollte Stuttgart, wie ehrgeizige Planungen unter dem Titel »Stuttgart 21« vorsehen, seinen Hauptbahnhof unter die Erde verlegen, würden in der Innenstadt weitere riesige Areale für die Neubebauung frei werden.

Behind the main station the new banking district spreads out around the Pariser Platz. Should Stuttgart have its main station moved underground, as ambitious plans known as "Stuttgart 21" foresee, then further vast areas in the inner part of town would become open for redevelopment.

Derrière la gare centrale, autour de la Pariser Platz, s'étend le nouveau quartier des banques. Des plans ambitieux (« Stuttgart 21 ») suggèrent de construire une gare souterraine afin de libérer d'immenses espaces pour de nouveaux projets urbains.

כי מציון תצא תורה
463
212

In den ehemaligen Fabrikhallen des Bosch-Areals hämmern heute satte Beats aus den Clubs und Bars. Tagsüber wirkt das Viertel fast beschaulich.

On the former Bosch factory grounds, today, heavy beats vibrate from the clubs and bars. During the day the area seems rather tranquil.

Dans les anciennes fabriques de Bosch, on entend aujourd'hui résonner les beats des clubs et des bars. Dans la journée, le quartier paraît presque paisible.

Die Literaturkritikerin Sigrid Löffler und die schottische Schriftstellerin A. L. Kennedy im Literaturhaus auf dem Bosch-Areal

The literary critic Sigrid Löffler and the Scottish writer A. L. Kennedy in the Literaturhaus, which is situated on the Bosch grounds

La critique littéraire Sigrid Löffler et l'écrivaine écossaise A. L. Kennedy, dans la maison de la littérature située dans les anciennes usines Bosch

Die Synagoge der Israelitischen Religionsgemeinschaft Württemberg in der Hospitalstraße

The synagogue of the Württemberg Israelite Religious Community in the Hospitalstraße

La synagogue de la communauté israélite du Wurtemberg, dans l'Hospitalstraße

Stahlarchitektur: Die Alte Reithalle hinter dem Hotel Maritim beim Berliner Platz ist Stuttgarts schönster Ball- und Festsaal.

Architecture in steel: The Alte Reithalle behind the Hotel Maritim, near the Berliner Platz, is Stuttgart's finest ballroom and festival hall.

Architecture d'acier : L'ancienne salle d'équitation derrière l'Hôtel Maritim, non loin de la Berliner Platz, est la plus belle salle de fête et de bal de Stuttgart.

Das Farbenspiel der 1950er-Jahre auf der Fassade der Liederhalle. Das Konzerthaus ist heute Teil des Kultur- und Kongresszentrums Liederhalle.

A 50s colour combination on the façade of the Liederhalle. Today the concert hall is part of the congress and cultural centre, Liederhalle.

Jeux de couleurs des années 50 sur la façade de la « Liederhalle », centre des congrès et de la culture

buchhaus
wittwer

Der Hoppenlaufriedhof ist die letzte Ruhestätte für viele Dichter und Denker. Heute gibt es in der Innenstadt kaum einen romantischeren Ort.

The cemetery, Hoppenlaufriedhof, is the last resting-place for many poets and philosophers. Today, there is hardly a more romantic spot to be found in the centre of town.

Dans le cimetière Hoppenlaufriedhof reposent beaucoup de poètes et de penseurs. Il n'y a pas un coin plus romantique dans le centre ville.

K1 und K2: die beiden Hochhausbauten der Universität Stuttgart in der Keplerstraße

K1 and K2: In the Keplerstraße, the two high-rise buildings belonging to the University of Stuttgart

K1 et K2 : les grands immeubles de l'Université de Stuttgart dans la Keplerstraße

Die heutigen Könige des Schlossgartens treffen sich im Park auf eine Partie Schach.

Today's kings of the Schlossgarten meet in the park for a game of chess.

Les actuels rois du parc du château se rencontrent dans le jardin pour une partie d'échecs.

Und am Wegrand liegt Graf Eberhard im Schoß des Hirten.

And on the roadside lies Graf Eberhard with his head in the lap of the shepherd.

Sur le bord du chemin, le comte Eberhard sur les genoux d'un berger

Die Alte Staatsgalerie:
Räume für den Kunstgenuss

The Alte Staatsgalerie:
space for enjoying art

L'ancienne Staatsgalerie :
des salles pour les amateurs d'art

Postmoderne at its best: Nach Plänen des englischen Architekten James Stirling wurde 1977 bis 1984 die Neue Staatsgalerie errichtet. Zusammen mit der Alten Staatsgalerie beherbergt sie eine der bedeutendsten Kunstsammlungen Deutschlands.

Postmodernism at its best: Between 1977 and 1984 the art gallery, Neue Staatsgalerie, was built according to lans drawn up by the English architect James Stirling. Together with the old gallery, Alte Staatsgalerie, it is the home of one of the most important art collections in Germany.

La postmodernité dans toute sa splendeur : La nouvelle Staatsgalerie fut construite entre 1977 et 1984 sur les plans de l'architecte anglais James Stirling. Avec l'ancienne Staatsgalerie, elle abrite l'une des plus importantes collections d'art d'Allemagne.

Im Innern der Neuen Staatsgalerie

In the Neue Staatsgalerie

À l'intérieur de la nouvelle Staatsgalerie

Zur so genannten Kulturmeile entlang der Konrad-Adenauer-Straße gehört auch das Haus der Geschichte Baden-Württemberg.

The so-called cultural mile along the Konrad-Adenauer-Straße also includes the regional history museum, Haus der Geschichte Baden-Württemberg.

La maison de l'histoire du Bade-Wurtemberg appartient au circuit culturel (Kulturmeile) de la rue Konrad Adenauer.

Klangraum für den musikalischen Nachwuchs: Im Turm der Musikhochschule befindet sich Stuttgarts vielleicht schönster Konzertsaal.

Sound space for musicians of the next generation: The concert hall situated in the tower of the music academy is possibly the finest in Stuttgart.

Lieu de résonance pour musiciens en herbe : dans la tour de l'école supérieure de musique se trouve peut-être la plus belle salle de concert de Stuttgart.

James Stirling konzipierte den Neubau der Musikhochschule mit seinem markanten Turm. Das Gebäude wurde allerdings erst 2002, zehn Jahre nach dem Tod des Architekten, eingeweiht.

James Stirling designed the new building for the music academy with its striking tower. However it was not inaugurated till 2002, ten years after the death of its architect.

James Stirling a conçu le nouveau bâtiment de l'école supérieure de musique et sa tour originale ; le bâtiment ne fut inauguré qu'en 2002, dix ans après la mort de l'architecte.

Kulisse für das Schauspielhaus des Staatstheaters: der Eckensee im Oberen Schlossgarten

Backdrop for the Schauspielhaus of state theatre: the Eckensee in the Oberer Schlossgarten

Décor de la Schauspielhaus du Théâtre du Land : le lac Eckensee dans le parc du château

Seit John Crankos Tagen genießt das Stuttgarter Ballett Weltruf: Szene aus »Lachrymal« von Douglas Lee mit Bridget Breiner und Evan McKie.

Since the days of John Cranko the Stuttgart ballet has enjoyed world renown: scene from "Lachrymal" by Douglas Lee with Bridget Breiner and Evan McKie.

Depuis le passage de John Cranko, le ballet de Stuttgart jouit d'une renommée mondiale: scène de « Lachrymal » de Douglas Lee avec Bridget Breiner et Evan McKie.

In den Aufführungspausen werden im Großen Haus zum württembergischen Schaumwein schwäbische Brezeln gereicht.

During the intermission in the Großes Haus Swabian pretzels are served along with Württemberg sparkling wine

Pendant les entractes dans la grande salle, le bretzel souabe accompagne le mousseux du Wurtemberg.

Spitzenoper, Weltklasseballett – und alles unter dem Dach des Staatstheaters im Großen Haus

The very best in opera, world-class ballet—and all under one roof at the Staatstheater's Großes Haus

Dans le bâtiment central du Staatstheater ont lieu des ballets classiques de renommée mondiale et des opéras de grande qualité.

Flaneure und Landespolitiker teilen sich den Oberen Schlossgarten. Der schwarze Bau des Landtags ist eher ungeliebt von den Stuttgartern.

Strollers-by and regional politicians share the Oberer Schlossgarten. The black building of the federal state parliament is rather unpopular among the people of Stuttgart.

Flâneurs et élus du Land se partagent le parc du château. Le bâtiment noir du Landtag est plutôt mal aimé des habitants de Stuttgart.

Weiße Zelte, edle Häppchen: Das Sommerfest rund um den Eckensee und auf dem Schlossplatz ist Stuttgarts schönster Laufsteg.

White tents, choice titbits: The summer festival around the Eckensee and on the Schlossplatz is Stuttgart's finest catwalk.

Tentes blanches et petits délices : la fête d'été autour du lac Eckensee et sur la place du Château pour voir et être vu.

Erhellende Lektüre in der städtischen Zentralbücherei
im Wilhelmspalais

Enlightening reading at the central library
in the Wilhelmspalais

Lecture éclairante dans la bibliothèque centrale
du Wilhelmspalais.

Die Württembergische Landesbibliothek ist mit 5,2 Millionen Medien im Bestand die größte wissenschaftliche Bibliothek in Baden-Württemberg.

With a 5.2 million items of media in its possession, the Württembergische Landesbibliothek is the largest academic library in Baden-Württemberg.

La bibliothèque du Land de Wurtemberg possède un fond de 5,2 millions de documents ; c'est la plus grande bibliothèque scientifique du Bade-Wurtemberg.

Frühstückspause im Café Königx
in der Wagnerstraße

Morning break in the Café
Königx in the Wagnerstraße

Pause petit déjeuner dans
le Café Königx, Wagnerstraße

Im Bohnenviertel finden sich zauberhafte Ecken. Ein guter Platz also für das Schriftstellerhaus, wo Stuttgarts Poeten in der Kanalstraße 4 seit 1983 eine Anlaufstation finden.

In the district known as the Bohnenviertel you will discover many an enchanting spot. Thus Kanalstraße 4 is an apt place for the Schriftstellerhaus, which has been open to Stuttgart's poets since 1983.

Le Bohnenviertel est un quartier aux coins enchanteurs. Un endroit bien choisi pour la maison des écrivains où les poètes de Stuttgart peuvent se rencontrer depuis 1983, dans la Kanalstraße 4.

Blätter im Teich:
Herbststimmung
am Teehaus im
Weißenburgpark

Leaves in a pond:
mood of autumn
at the tea-house in
Weißenburg Park

Feuilles sur le lac :
atmosphère
automnale autour
de la maison
du thé du
Weißenburgpark

Die Neue
Weinsteige ist
die schönste
von Stuttgarts
Haupteinfallstraßen.

The Neue
Weinsteige is
the loveliest
main route of
descent into
Stuttgart.

La Neue
Weinsteige est
la plus belle
artère principale
de Stuttgart.

Im Frühjahr ist der kleine Park auf der Karlshöhe ein Ort der Besinnung. Sommers dient die Aussichtsterrasse als Gartenwirtschaft.

In the spring the small park on the Karlshöhe is a place of contemplation. In the summer the terrace there serves as an open-air restaurant.

En printemps, le petit parc sur la Karlshöhe est un lieu de songerie. En été, la terrasse panoramique se transforme en café.

Vis-à-vis: Vom Weißenburgpark geht der Blick über Stuttgart-Süd zur Karlshöhe.

Vis-à-vis: From Weißenburg Park you gain a good view over the southern part of Stuttgart (Stuttgart-Süd) and out towards the Karlshöhe.

Face à face : du Weißenburgpark, le regard se porte vers la Karlshöhe, au sud de Stuttgart.

Prachtvolle Bügerhäuser
in der Mörikestraße

Splendid town houses
in the Mörikestraße

Somptueuses maisons
bourgeoises
dans la Mörikestraße

Im Städtischen Lapidarium
in der Mörikestraße
küsst manchen die Muse.

In Stuttgart's Lapidarium
in the Mörikestraße the muses
may be inspiring for some.

Dans le lapidaire de la
Mörikestraße, les muses en
inspirent plus d'un.

Vor dem Südausgang des Schwabtunnels steht ein reich verziertes Jugendstilgebäude.

In front of the southern exit of the Schwabtunnel stands a richly decorated Art Nouveau building.

Un édifice Art Nouveau, richement orné, juste avant la sortie sud du Schwabtunnel.

Blick auf den Marienplatz

View of the Marienplatz

Vue sur la Marienplatz

Vom Marienplatz fährt die Zahnradbahn,
»Zacke« genannt, hinauf nach Degerloch.

The cog railway, known as the "Zacke",
runs from the Marienplatz up to Degerloch.

De la Marienplatz, le chemin de fer à crémaillère –
le « Zacke » – monte jusqu'à Degerloch.

Sakraler Jugendstilbau:
die evangelische Markuskirche im
Lehenviertel in Stuttgart-Süd

Sacral Art Nouveau architecture:
the Protestant Markuskirche
in the Lehenviertel in Stuttgart-Süd

Édifice religieux Art-Nouveau :
l'église protestante Markuskirche
dans le quartier
Lehenviertel (Stuttgart-Sud)

Im Sternerestaurant Wielandshöhe
an der Alten Weinsteige
schwingt Fernsehkoch Vincent Klink
den Kochlöffel.

In the graded restaurant Wielandshöhe
on the Alte Weinsteige
TV cook Vincent Klink brandishes
his wooden spoon.

Au restaurant Wielandshöhe
sur la Alte Weinsteige,
le chef Vincent Klink, célèbre par la
télévision, règne sur les fourneaux.

In Halbhöhenlage
baute sich der Architekt
Werner Sobek sein viel-
beachtetes Wohnhaus R 128.

Half way up one of
Stuttgart's slopes the architect
Werner Sobek built his
impressive house, R 128.

A mi-hauteur de Stuttgart,
l'architecte Werner Sobek
construisit sa maison très
remarquée R 128.

Im Stadtteil Heslach gibt es sie noch,
die kleinen Läden und Geschäfte am Straßenrand.

In Stuttgart-Heslach they still exist,
those little shops on the roadside.

A Heslach, on trouve encore de petits commerces
le long des rues.

Das Abendlicht wirft lange Schatten über eine Häuserzeile in der Möhringer Straße im Stadtteil Heslach.

Evening light casts long shadows over a row of houses in the Möhringer Straße in Stuttgart-Heslach.

La lumière du soir projette de longues ombres sur une rangée de maisons de la Möhringer Straße, dans le quartier d'Heslach.

Am Erwin-Schoettle-Platz steht die zwischen 1876 und 1881 errichtete evangelische Matthäuskirche. Dahinter das Marienhospital.

On the Erwin-Schoettle-Platz stands the Protestant church Matthäuskirche, which was built between 1876 and 1881; behind it, the Marienhospital.

L'église protestante Matthäuskirche, érigée entre 1876 et 1881, se trouve sur la Erwin-Schoettle-Platz. A l'arrière le Marienhospital.

Waldromantik an der
Schwälblesklinge oberhalb des
Stadtteils Kaltental

Romantic woods at the
Schwälblesklinge above a part of
Stuttgart known as Kaltental

Forêt romantique de la
Schwälblesklinge, au-dessus
du quartier de Kaltental

Der 511 Meter hohe Birkenkopf am Westrand des Talkessels wurde aus Kriegstrümmern aufgeschüttet.

The 511-metre-high Birkenkopf on the western edge of the valley basin owes its height to the town's debris and rubble that was amassed here after the war.

Les 511 m du Birkenkopf, à l'extrémité ouest de la cuvette, sont constitués de gravats de maisons de la dernière guerre.

Stuttgart-West
gehört zu den
dichtestbesiedelten
Großstadtquartieren
in Deutschland.

Stuttgart-West is
one of the most
densely inhabited
city districts
in the whole of
Germany.

Stuttgart-Ouest
compte parmi
les quartiers
urbains les plus
densément peuplés
d'Allemagne.

Die Schwabstraße
quert den Westen der
Stadt fast vollständig.

Schwabstraße cuts
practically right across
the western part of
the city.

La Schwabstraße
traverse pratiquement
tout l'ouest de la ville.

Die neugotische Johanneskirche
steht auf einer Halbinsel im Feuersee.

The neo-Gothic Johanneskirche
stands grandly on a peninsular in the Feuersee.

Sur une presqu'île du Feuersee se dresse
l'église néo-gothique Johanneskirche.

Die russisch-orthodoxe Kirche Sankt Nicolai
in der Seidenstraße entstand Ende des vorletzten
Jahrhunderts.

The Russian Orthodox church of Sankt Nicolai
in the Seidenstraße has been built at the end of
the century before last.

L'église russe orthodoxe Sankt Nicolai,
dans la Seidenstraße, date de la fin du 19e.

Der Chinesische Garten war eine der Attraktionen der Internationalen Gartenbauausstellung 1993.
Heute steht die Anlage an der Ecke Panorama-/Birkenwaldstraße.

The Chinese Garden was one of the attractions at the International Horticultural Show in 1993. Today the gardens are situated at the corner of Panoramastraße and Birkenwaldstraße.

Le jardin chinois, l'une des attractions de l'exposition internationale des jardins de 1993. Il se trouve aujourd'hui à l'intersection Panorama-Birkenwaldstraße.

Das Stadtleben macht
im Höhenpark Killesberg
eine kurze Pause.

City life takes a short break
in the Killesberg Höhenpark.

A l'écart de la vie citadine,
sur les hauteurs,
le parc du Killesberg

Im Haus Feuerbacher Weg 46 wohnte ab 1959 Theodor Heuss, der erste deutsche Bundespräsident. Heute dient es als Gedenkstätte und Museum.

The house Feuerbacher Weg 46 was since 1959 the home of Theodor Heuss, the first German Head of State. Today it is a memorial and a museum.

La maison du Feuerbacher Weg N° 46, dès 1959 résidence du premier président de la République Fédérale d'Allemagne, Theodor Heuss, abrite aujourd'hui un musée et un mémorial.

Hell und dunkel: Die Weißenhofsiedlung von 1927 gilt international als ein herausragendes Architekturdenkmal der Moderne. Neben anderen bauten hier Mies van der Rohe und Le Corbusier. Von den Nationalsozialisten wurde die Siedlung als »undeutsch« abgelehnt.

Light and dark: The Weißenhof housing estate, dating back to 1927, is internationally acclaimed as an outstanding architectural monument to the modern age. Among others, Mies van der Rohe and Le Corbusier built houses here. The estate was rejected by the National Socialists, who regarded it as »un-German«.

Claire et sombre : la Weißenhofsiedlung de 1927 et ses monuments exceptionnels d'architecture moderne, mondialement connus. Y ont œuvré, entre autres, Mies van der Rohe et Le Corbusier. Les nationaux-socialistes dénonçaient cette cité comme étant « non-allemande ».

Vorhergehende Doppelseite:
Einmal im Jahr erleuchtet das Lichterfest im Höhenpark Killesberg den Himmel über Stuttgart.

Previous double page:
Once a year, the Feast of Lights in Killesberg Höhenpark lights up the sky over Stuttgart.

Double page précédente:
Une fois par an, dans le parc du Killesberg, la fête des lumières illumine le ciel de Stuttgart.

Ganz in der Nähe der berühmten Weißenhofsiedlung auf dem Killesberg arbeitet in der Staatlichen Akademie der Bildenden Künste die kommende Künstlergeneration.

Very close to the famous Weißenhof housing estate on the Killesberg you will find the State Academy of Fine Arts, where the future generation of artists are to be found at work.

Tout près de la célèbre Weißenhofsiedlung, sur le Killesberg, la future génération d'artistes travaille dans l'Académie des Beaux-Arts.

Weinberge unterhalb der Birkenwaldstraße

Vineyards below Birkenwaldstraße

Vignobles en contrebas de la Birkenwaldstraße

Der Bülow-Turm beim Park am Wartberg ist eine urbane Landmarke in Stuttgart-Nord.

The Bülow Tower (near the park at Wartberg) is an urban landmark in Stuttgart-Nord.

Prés du parc du Wartberg, la tour Bülow est un point de repère urbain au nord de Stuttgart.

Stille Stunden auf dem Pragfriedhof

Hours of calm at the cemetery Pragfriedhof

Heures paisibles dans le cimetière Pragfriedhof

Kamera läuft! In den Studios des Südwestrundfunks im Stadtteil Berg wird das regionale Fernsehprogramm produziert.

Lights—camera—action! In the studios of the Südwestrundfunk (Southwest Broadcasting Company), in Stuttgart-Berg, television programmes are produced for the region.

Moteur ... Les émissions de la télévision régionale sont produites dans les studios de la Südwestrundfunk dans le quartier de Berg.

Typisch für Ostheim:
Klinkerhäuser
in der Neuffenstraße

Typical for Ostheim:
clinker brick houses
in the Neuffenstraße

Typique pour Ostheim :
des maisons en briques dures
dans la Neuffenstraße

Kunstraum, Bar, Partylocation:
die Wagenhallen im so genannten
Inneren Nordbahnhof

Art gallery, bar, party location:
the railway halls of the so-called
Innerer Nordbahnhof

Salle d'exposition, bar, salle de fête :
les halls aux wagons de la
« gare du nord intérieure »

Bedrohlich schön: Wie eine Schimäre taucht der 100 Meter hohe Gasometer in Gaisburg aus dem Frühnebel auf.

Threateningly beautiful: Like as chimera the hundred-metre-high gasometer in Gaisburg rises out of the early morning fog.

D'une beauté menaçante : le gazomètre de Gaisburg se dresse dans le brouillard matinal, comme une chimère de 100 m de haut.

Der Gaskessel ist das Wahrzeichen von Gaisburg. Seine Bekanntheit verdankt der Stadtteil aber einem schmackhaften Eintopfgericht: dem Gaisburger Marsch.

The gasometer is Gaisburg's landmark. However, this part of town rather owes its fame to a tasty stew known as »Gaisburger Marsch«.

Le gazomètre est le symbole de Gaisburg. Mais ce quartier est surtout célèbre pour une potée succulente appelée Gaisburger Marsch.

Wasserspiel:
Am Eugensplatz
plätschert der
Galatea-Brunnen.

Playful water:
On the Eugensplatz
the Galatea-Brunnen
splashes and burbles.

Jeu d'eau :
sur la Eugensplatz
gargouille l'eau de la
fontaine Galatea.

Die vielen Treppenaufgänge der Stadt heißen in Stuttgart nur »Stäffele«.
Die Sünderstaffel oberhalb der Alexanderstraße ist ein ganz besonders liebenswertes Exemplar.

The city's many steps are simply called »Stäffele« in Stuttgart.
The Sünderstaffel above Alexanderstraße is a particularly lovely example.

A Stuttgart, les nombreux escaliers de la ville s'appellent les « Stäffele ».
Au-dessus de l'Alexanderstraße, le Sünderstaffel est particulièrement adorable.

1919 wurde auf der
Uhlandshöhe die erste
Waldorfschule
der Welt gegründet.

In 1919 the first
Rudolf Steiner School
of the world
was founded up on
the Uhlandshöhe.

En 1919, sur la
Uhlandshöhe, fut
fondée la première
école Waldorf du
monde.

Die Villa Reitzenstein ist der Amtssitz
des Ministerpräsidenten des Landes Baden-Württemberg.

The Villa Reitzenstein is the official seat
of the minister-president of Baden-Württemberg.

La Villa Reitzenstein, résidence officielle
du Premier Ministre du Land du Bade-Wurtemberg

Die schwäbische Kehrwoche ist in Stuttgart noch lange nicht ausgestorben.

The Swabian habit of doing the »Kehrwoche« (communal duties such as sweeping the stairs, carried out according to rota) is still alive and kicking in Stuttgart.

L'habitude souabe de balayer les rues est loin d'avoir disparue à Stuttgart.

Dachgarten in Gablenberg

Roof terrace in Gablenberg

Jardin sur le toit à Gablenberg

Wohnquartier entlang der Gablenberger Hauptstraße

Residential area along the Gablenberger Hauptstraße

Quartier résidentiel le long de la rue principale de Gablenberg

Vorhergehende Doppelseite:
217 Meter über Degerlocher Grund: der älteste Fernsehturm der Welt aus Stahlbeton

Previous double page:
217 metres above Degerloch: the oldest television tower in the world made of reinforced concrete

Double page précédente:
A 217 m au-dessus du sol de Degerloch : la première tour de télévision en béton armé du monde.

Wer in Stuttgart höher hinaus will als auf die Aussichtsplattform des Fernsehturms, muss fliegen.

Whoever wishes to rise higher than up to the lookout platform of the television tower, will have to fly.

Pour aller plus haut que la plateforme panoramique de la tour de télévision, il faut prendre l'avion.

Hängepartie auf der Waldau:
Auf dem Sportgelände unterhalb des Fernsehturms sind nicht nur die Stuttgarter Kickers zu Hause.

Climbers on the Waldau:
Not only the Stuttgart Kickers are at home in the sports fields below the television tower.

Escalade dans le quartier de Waldau :
Les terrains de sport sous la tour de télévision ne sont pas réservés aux footballeurs du club de Stuttgarter Kickers.

Eislaufprinzessinnen werden in Stuttgart im Eissportzentrum auf der Waldau geboren.

Ice-skating princesses are born in Stuttgart in the ice-sports centre on the Waldau.

A Stuttgart, la patinoire sur la Waldau voit naître des reines de la glace.

Still und wunderbar beschaulich liegt der Waldfriedhof zwischen Heslach und Degerloch im Forst verborgen. Eine historische Standseilbahn bringt Besucher aus dem Tal hier herauf.

Between Heslach and Degerloch lies the cemetery Waldfriedhof—still and wonderfully contemplative, hidden deep within the forest. A historical funicular railway transports visitors up here from down in the valley.

Calme et bucolique, le cimetière Waldfriedhof niché dans la forêt entre Heslach et Degerloch. Un funiculaire historique monte les visiteurs de la vallée.

Der ABB-Turm am Albplatz in Degerloch markiert den Beginn der Filderebene südlich des Stadtzentrums.

The ABB tower at the Albplatz in Degerloch marks the start of the Filder plains south of the city centre.

La tour ABB sur l'Albplatz de Degerloch marque le début de la plaine de la Filder, au sud du centre-ville.

PLAN F
BUS

Stuttgarts dörfliche Seite:
Fachwerkromantik in Heumaden

Stuttgart's rural side:
romantic half-timbered houses
in Heumaden

Le côté villageois de Stuttgart :
colombages romantiques
à Heumaden

Sillenbuch:
Landleben im Großstadtdschungel

Sillenbuch:
Rural life amidst the city jungle

Sillenbuch:
un petit air de campagne
dans la jungle de la grande ville

Ein milder Sommerabend
im Naturschutzgebiet Eichenhain bei Riedenberg

A mild summer evening
in the Eichenhain nature reserve near Riedenberg

Doux soir d'été
dans le parc naturel d'Eichenhain, près de Riedenberg

Exklusiver Wohnturm am
Chausseefeld bei Birkach

Exclusive tower block
at Chausseefeld near Birkach

Tour résidentielle
à Chausseefeld près de Birkach

»Hannibal« taufte die Presse in den späten 1960er-Jahren die drei riesigen Wohnhochhäuser von Asemwald.

In the late 60s the press christened the three gigantic high-rise blocks of flats in Asemwald "Hannibal".

Les trois immenses tours d'habitations d'Asemwald furent baptisées « Hannibal » par la presse à la fin des années 60.

Studieren im Schloss: Vor allem die Landwirtschaft wird in der Universität Hohenheim wissenschaftlich beackert.

Studies in the palace: Above all, the field of agriculture is scientifically ploughed through at the University of Hohenheim.

Faire ses études au château : l'université d'Hohenheim cultive surtout l'agriculture de façon scientifique.

Seit 1779 werden im Exotischen Garten von Hohenheim Pflanzen kultiviert.

Since 1779 plants have been cultivated in Hohenheim's Exotic Garden.

Dans le jardin exotique d'Hohenheim, on cultive des plantes depuis 1779.

Morgenstimmung
über Plieningen

Mood of morning
in Plieningen

Atmosphère matinale
au-dessus
de Plieningen

Krauternte auf den Fildern:
Die Ebene im Süden Stuttgarts
ist altes Bauernland.

Cabbage harvest on the Filder:
The plain in the south of Stuttgart
is old farming land.

Récolte de choux sur les Fildern :
la plaine au sud de Stuttgart,
terre agricole de tradition

Die evangelische Martinskirche in Plieningen ist eines der ältesten Steingebäude im Raum Stuttgart.

The Protestant Martinskirche in Plieningen is one of the oldest stone buildings in the area of Stuttgart.

L'église protestante Martinskirche de Plieningen est un des plus vieux édifices en pierre de la région de Stuttgart.

Die romanischen Reliefs am Dachgesims der Plieninger Martinskirche stammen aus dem 12. Jahrhundert.

The Romanic reliefs on the cornices of the roof of Plieningen's Martinskirche date back to the 12th century.

Ces bas-reliefs romans sur la corniche de la Martinskirche à Plieningen datent du 12e siècle.

Blaue Stunde am Flughafen Stuttgart

Blue hour at Stuttgart Airport

Jeux de lumière près de l'aéroport de Stuttgart

Neben dem Flughafen Stuttgart entsteht derzeit auf einer der größten Baustellen Deutschlands die neue Landesmesse Baden-Württemberg.

Next to Stuttgart Airport one of the largest building sites in Germany is presently to be found, where buildings for new Baden-Württemberg trade fair are being constructed.

A côté de l'aéroport de Stuttgart, le nouveau complexe de foires-expositions du Land sort de terre, sur l'un des plus grands chantiers de la République Fédérale.

In den Terminals des Stuttgarter Flughafens werden jährlich rund 8.8 Millionen Passagiere abgefertigt.

Around 8.8 million passengers pass through Stuttgart Airport's terminals each year.

Dans les terminaux de l'aéroport de Stuttgart transitent environ 8,8 millions de passagers par an.

Wer in Stuttgart abhebt, tut das hier: am Flughafen Stuttgart.

Whoever takes off from Stuttgart does it from here—from Stuttgart Airport.

C'est ici que l'on décolle de Stuttgart : l'aéroport.

Die Poesie der Büroarchitektur!

The poetry of office architecture!

Touche de poésie dans l'architecture des bureaux !

Im SI-Erlebnis-Centrum in Möhringen finden täglich auf zwei Musical-Bühnen Vorstellungen statt. Hier eine Szene aus dem ABBA-Musical »Mamma Mia!«.

In the SI-Events-Centre in Möhringen, there are daily performances on two musical stages. Here you can see a scene from the ABBA musical "Mamma Mia!".

A Möhringen, dans le SI-Erlebnis-Centrum, des comédies musicales se jouent quotidiennement sur deux scènes de théâtre. Scène extraite de la comédie musicale « Mamma Mia ! » avec des chants de ABBA.

Wo die Autobahn 8 auf die Bundesstraße 27 trifft, kreuzen täglich 170 000 Fahrzeuge. Nach dem millionenteuren Umbau des Verkehrsknotenpunktes läuft es am so genannten Echterdinger Ei wieder rund.

Where the motorway A8 meets the trunk road B27, 170,000 vehicles pass the intersection daily. After reconstruction that cost millions, the traffic at the junction known as the "Echterdinger Ei" (Echterdingen Egg) now runs smoothly.

170 000 véhicules passent chaque jour à l'intersection de la B 27 et de l'A 8. Le réaménagement de cette plaque tournante a coûté des millions, mais le fameux « œuf d'Echterdingen » tourne de nouveau rond.

Der Torbau des Möhringer Spitalhofs aus dem späten 15. Jahrhundert

The portal of Möhringen's Spitalhof, dating back to the late 15th century

Le portail du Möhringer Spitalhof date de la fin du 15e siècle.

Der »Filderdom« heißt eigentlich Martinskirche und steht mitten in Möhringen.

The "Filderdom" is actually the Martinskirche and stands in the middle of Möhringen.

La Martinskirche, surnommée « cathédrale de Filder », se trouve au centre de Möhringen.

Am Feldrand in Möhringen

At the edge of a field in Möhringen

A la lisière des champs de Möhringen

Das Einkaufszentrum »Schwabengalerie« bildet die neue Mitte Vaihingens.

The shopping complex "Schwabengalerie" forms the new centre of Vaihingen.

Le centre commercial « Schwabengalerie » constitue le nouveau centre de Vaihingen.

Die Brücke über der Kaltentaler Abfahrt ist doppelstöckig: oben Fußgänger, Inlineskater und Radfahrer, unten der Autoverkehr.

The bridge over the Kaltentaler Abfahrt is two-tiered: the upper level is for pedestrians, in-line skaters and cyclists and the lower, for vehicles.

Le pont au dessus de la Kaltentaler Abfahrt est à double niveau : en haut, les piétons, les rollers et les cyclistes, en bas les automobilistes.

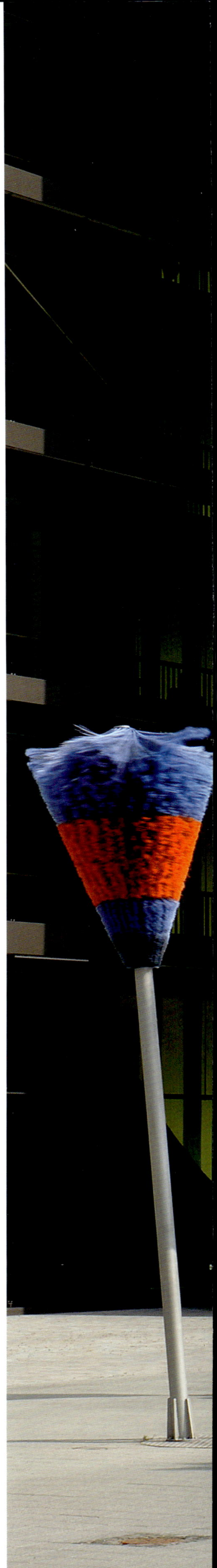

Kunst am Bau im riesigen neuen Industriegebiet am Unteren Grund in Vaihingen: »Farben-Kreisel« heißt das Werk der Stuttgarter Künstlerin Rosalie auf dem Gropiusplatz.

Art in construction, in the huge new industrial area, Unterer Grund, in Vaihingen: »Farben-Kreisel« is the name of this piece of work on the Gropiusplatz which was created by the Stuttgart artist Rosalie.

De l'art dans l'immense et récente zone industrielle de Vaihingen (Unterer Grund) : l'œuvre « Farben-Kreisel » de l'artiste stuttgartienne Rosalie se trouve sur la Gropiusplatz.

Filigranarbeit am »Institut für Leichtbau Entwerfen und Konstruieren« (ILEK) der Universität Stuttgart am Pfaffenwaldring

Filigree work at Stuttgart University's »Institute of Lightweight Construction Design and Building«, situated at the Pfaffenwaldring

Travail en filigrane à l'ILEK (Institut für Leichtbau Entwerfen und Konstruieren) de l'Université de Stuttgart à Pfaffenwaldring

Das Gebäude des Hysolar-Forschungsinstituts der Universität Stuttgart in Vaihingen wurde Ende der Achtzigerjahre von den Architekten Behnisch & Partner gebaut.

The building of the Hysolar Research Institute at the University of Stuttgart in Vaihingen was built at the end of the 80s by the architects Behnisch & Partner.

A Vaihingen, l'Institut de Recherche Hysolar de l'Université Stuttgart a été construit à la fin des années 80 par les architectes Behnisch & Partner.

Am Bärensee im Rotwildpark: eine Landschaft wie gemalt

At the Bärensee in Rotwild Park: just like a landscape painting

Le lac Bärensee dans le Rotwild-park, paysage digne d'un peintre

Ausflugsziel mitten im Wald:
das Bärenschlössle im
Rotwildpark

Popular amongst visitors:
In the middle of the woods—
the Bärenschlössle
in Rotwild Park

Lieu d'excursion en pleine forêt :
le Bärenschlössle
dans le Rotwildpark

Halali am Schloss Solitude

Sounding the death-haloo at Schloss Solitude

Jour de chasse au Château de Solitude

Am Schloss Solitude ist es nicht immer so einsam.

At Schloss Solitude it isn't always solitary.

Au Château de Solitude, on n'est pas toujours si seul.

Enge Gassen in Alt-Feuerbach

Narrow alleys in Alt-Feuerbach

Ruelles étroites du vieux quartier de Feuerbach

Schnurstracks und kerzengerade: Die Solitudestraße und die gleichnamige Allee verbanden einst das Lustschloss auf dem Berg mit der Residenz in Ludwigsburg.

Dead straight and as straight as a candle stick: The Solitudestraße and an avenue of the same name once connected the summer residence here on the hill to the residence in Ludwigsburg.

En ligne droite : la Solitudestraße et l'allée du même nom reliaient autrefois le château de plaisance, bâti sur une colline, à la résidence de Ludwigsburg.

Putztag
an der Stadtkirche in Feuerbach

Cleaning day
at the town church in Feuerbach

Jour de ménage
à l'église de Feuerbach

Ein Hauch von Nippon: 1912 errichteten die Architekten des Stuttgarter Hauptbahnhofs, Paul Bonatz und Friedrich Eugen Scholer, die an klassische japanische Bauwerke erinnernde Festhalle in Feuerbach.

A touch of Nippon: In 1912 the architects who designed the mainline railway station of Stuttgart, Paul Bonatz and Friedrich Eugen Scholer, built the Feuerbach festival hall that immediately calls to mind classic Japanese architecture.

Un air de Japon : en 1912, les architectes de la gare de Stuttgart, Paul Bonatz et Friedrich Eugen Scholer, érigèrent la salle des fêtes de Feuerbach qui rappelle des édifices traditionnels japonais.

231
HE
DIRTY DISH

Porsche in Zuffenhausen
eine »Autoschmiede« zu nennen –
es wäre weit gefehlt.

To call Porsche in Zuffenhausen a
»car smith's« would be thoroughly
erroneous.

Les usines Porsche de Zuffenhausen
n'ont plus rien d'un petit
atelier de fabrication automobile.

Ein Eckpfeiler des Stuttgarter Kulturlebens
ist das Theaterhaus Stuttgart am Pragsattel.

A cornerstone of the city's cultural life
is the Theaterhaus Stuttgart at Pragsattel.

Le « Theaterhaus » am Pragsattel
est l'un des piliers de la vie culturelle de Stuttgart.

Ein Liebespaar aus Stein: Die Architekten Hans Bernhard Scharoun und Wilhelm Frank bauten in den 1950er-Jahren die beiden Hochhäuser Romeo und Julia (hier im Bild) im Stadtteil Rot.

Lovers in stone: In the 1950s the architects Hans Bernhard Scharoun and Wilhelm Frank designed these two high-rise buildings Romeo and Juliet (depicted) in Stuttgart-Rot.

Des amoureux de pierre : les architectes Hans Bernhard Scharoun et Wilhelm Frank érigèrent dans les années 50 les deux immeubles Roméo et Juliette (photo), dans le quartier de Rot.

Noch fährt der alte 15er durch Zuffenhausen nach Stammheim.

The old Number 15 still runs through Zuffenhausen to Stammheim.

Le vieux tram N° 15 roule toujours de Zuffenhausen à Stammheim.

Schloss Stammheim:
ein Bauwerk von
Heinrich Schickhardt aus
dem Jahr 1579

Castle Stammheim:
a building constructed by
Heinrich Schickhardt
in the year 1579

Le château de
Stammheim : un édifice
d'Heinrich Schickhardt
datant de 1579

In Stammheim steht das Gefängnis, in dem in den Siebzigerjahren die Mitglieder der Terrororganisation RAF inhaftiert wurden.

In the 1970's the members of the terror organisation Red Army Faction were incarcerated in the prison in Stammheim.

Le prison de Stammheim dans laquelle les membres de l'organisation terroriste RAF (Fraction Armée Rouge) furent incarcérés dans les années 70

Vorhergehende Doppelseite:
Der Neckar bei Hofen liegt morgens um sieben noch im Tiefschlaf. Dahinter türmen sich über den Weinbergen die Hochhäuser von Freiberg auf.

Previous double page:
Near Hofen the Neckar still lies fast asleep at seven in the morning. Behind the river the high-rise blocks of Freiberg tower over the vineyard slopes.

Double page précédente:
A sept heures du matin, près d'Hofen, le Neckar est encore profondément endormi. Au fond, les buildings de Freiberg se dressent au-dessus des vignes.

Die Walpurgiskirche in Mühlhausen wurde im Zweiten Weltkrieg zerstört.

The Walpurgiskirche in Mühlhausen was destroyed in the Second World War.

L'église Walpurgiskirche de Mühlhausen fut détruite pendant la 2e Guerre Mondiale.

Ohne Hast unterwegs in der steilen Wenzelstraße in Mühlhausen

Underway without haste, in the steep Wenzelstraße in Mühlhausen

Flâner dans la montée de la Wenzelstraße à Mühlhausen

Gotisches Schmuckstück:
Neben dem prächtigen Altar aus dem Jahr 1510 finden sich in der evangelischen Veitskapelle in Mühlhausen schöne farbige Wandmalereien.

Gothic masterpiece:
In the Protestant chapel, Veitskapelle, in Mühlhausen a splendid altar dating back to the year 1510 as well as beautiful murals in full colour are to be found.

Un bijou du gothique:
outre le magnifique autel de 1510, on trouve dans la Veitskapelle – église protestante de Mühlhausen – de belles peintures murales colorées.

Die katholische Barbarakirche im Stadtteil Hofen ist seit 1954 Wallfahrtskirche.

The Catholic Barbarakirche in Stuttgart-Hofen has been a church of pilgrimage since 1954.

La Barbarakirche, église catholique du quartier d'Hofen, est un lieu de pèlerinage depuis 1954.

Der Neckar bei Münster

The Neckar near Münster

Le Neckar près de Münster

Nicht Hawaii, aber dafür für Anfänger geeignet: der Max-Eyth-See.

It's not Hawaii, but nevertheless suitable for beginners: the Max-Eyth-See.

Ce n'est pas Hawaï, par c'est déjà bien pour les débutants : le lac Max-Eyth-See.

Die 14 Travertinsäulen aus dem Steinbruch Lauster beim Heizkraftwerk Münster sollten das nationalsozialistische Berlin schmücken. Sie wurden nie abgeholt.

These 14 travertine columns from the quarry Lauster near the Münster thermal power station were meant to adorn National Socialist Berlin. They were never collected.

Ces 14 piliers en travertin, provenant de la carrière de Lauster, tout près de la centrale thermique de Münster, étaient destinés à décorer le Berlin national-socialiste. Ils ne furent jamais livrés.

Ein Kindertraum: Das Feuerwehrmuseum in Münster zeigt Fahrzeuge aus der Sammlung des Feuerwehrvereins Stuttgart.

A childhood dream: The Fire Brigade Museum in Münster exhibits vehicles from the collection owned by Stuttgart's Fire Brigade Society.

Un rêve d'enfant : le Musée des Pompiers de Münster expose les véhicules de collection de l'association des pompiers de Stuttgart.

Parkansichten: Außen wie innen ist das Naturkundemuseum in Schloss Rosenstein ein Juwel.

Park views: Outside as well as inside, the Museum of Natural History in Schloss Rosenstein is a real jewel.

Vue du parc : à l'intérieur comme à l'extérieur, le Musée d'histoire naturelle du château de Rosenstein est un bijou.

Die Eisbären gehören zu den »Stars« in der Wilhelma.

The polar bears rank among the "stars" of the Wilhelma.

Les ours polaires font partie des « stars » du Wilhelma.

Tropische Gewächshäuser im maurischen Stil: Stuttgarts Botanisch-Zoologischer Garten, die Wilhelma, ist nicht nur einer der schönsten, sondern auch einer der artenreichsten Zoos in Deutschland.

Tropical greenhouses in the Moorish style: Stuttgart's botanical-zoological gardens, the Wilhelma, is not only one of the most beautiful zoos in Germany, it also is one of the most bio-diverse.

Des serres tropicales en style mauresque : le Wilhelma, jardin botanique et zoologique de Stuttgart, est non seulement l'un des plus beaux mais aussi l'un des plus riches en espèces d'Allemagne.

Folgende Doppelseite:
Hoch über Bad Cannstatt liegt der Burgholzhof.

Next double page:
High above Bad Cannstatt lies Burgholzhof.

Double page suivante:
Le Burgholzhof domine Bad Cannstatt.

Bad Cannstatt ist ein Stadtteil der Traditionen. Auf dem Neckar findet im Sommer das Fischerstechen statt.

Bad Cannstatt is a part of Stuttgart steeped in tradition. On the Neckar in summer the event known as "Fischerstechen" takes place.

Bad Cannstatt est un quartier des traditions du passé. L'été, sur le Neckar, a lieu le « Fischerstechen » (joute des pêcheurs).

Wilhelmsbrücke, Marktstraße, Stadtkirche: das historische Zentrum von Bad Cannstatt

The bridge Wilhelmsbrücke, the Marktstraße, the municipal church: the historical centre of Bad Cannstatt

Le pont Wilhelmsbrücke, la Marktstraße et l'église : le centre historique de Bad Cannstatt

Das Klösterle in Bad Cannstatt wurde im Jahr 1463 errichtet und ist Stuttgarts ältestes Wohnhaus.

The Klösterle in Bad Cannstatt was built in the year 1463 and is Stuttgart's oldest residential building.

Le « Klösterle » de Bad Cannstatt fut érigé en 1463 ; il est l'habitation la plus ancienne de Stuttgart.

Bad Cannstatt ohne Weinstuben
ist wie Spätzle ohne Linsen:
ein wenig zu trocken.

Bad Cannstatt without its wine-rooms is like having "Spätzle" without the lentils: a touch too dry.

Bad Cannstatt sans ses bars à vin serait comme les « Spätzle » sans lentilles : un peu trop sec.

Ein Hinterhof aus Kindheitstagen

Just like backyard childhood days

Une arrière-cour
comme un souvenir d'enfance

Badekultur des 19. Jahrhunderts:
Im Großen Kursaal in Bad Cannstatt kurierten einst Fürsten und Könige ihre Zipperlein.

Spa culture of the 19th century:
The Großer Kursaal in Bad Cannstatt was once visited by princes and kings.

Bains du 19e siècle : autrefois, princes et rois prenaient les eaux dans ce grand hall de Bad Cannstatt.

Riesige Mineralwasservorkommen speisen in Stuttgart mehrere Mineralbäder, wie hier das Mineralbad Cannstatt.

Great amounts of mineral water supply several mineral baths in Stuttgart, such as this one in Cannstatt.

D'impressionnantes réserves d'eau minérale remplissent plusieurs stations thermales ; ici, le bain minéral de Cannstatt.

Das Gottlieb-Daimler-Stadion – einer der Austragungsorte der Fußballweltmeisterschaft 2006

Gottlieb Daimler Stadium—one of the venues during the 2006 Football World Championship

Le Gottlieb-Daimler-Stadion, l'un des stades du Mondial de Football 2006

Findet nicht gerade eine Fußballweltmeisterschaft im Gottlieb-Daimler-Stadion statt, dann trägt hier der Bundesligist VfB Stuttgart seine Heimspiele aus.

If there isn't a football world championship match on in Gottlieb Daimler Stadium, then the city's national league team, VfB Stuttgart, play at home here.

En dehors du Mondial de Football, le club VfB Stuttgart dispute ses matchs de Bundesliga à domicile dans le Gottlieb-Daimler-Stadion.

Das Mercedes-Benz Museum
ist ein Besuchermagnet.

The Mercedes-Benz Museum
is a big magnet for visitors.

Le Musée Mercedes-Benz
est une attraction populaire.

Die Neckarvororte – im Vordergrund der Stadtbezirk Wangen, jenseits des Neckars Untertürkheim – bilden einen hochverdichteten Industrieraum, an dessen Rändern freilich hervorragende Weine produziert werden.

Neckar suburbs—in the foreground, Stuttgart-Wangen, on the other side of the river, Untertürkheim—form a highly urbanised industrial area, at the edges of which, however, excellent wines are produced.

La banlieue des rives du Neckar (au premier plan Wangen, sur l'autre rive Untertürkheim) forme une zone industrielle très dense, sur les bords de laquelle on produit aussi d'excellents vins.

Rummelplatz XXL: Das Cannstatter Volksfest ist das zweitgrößte der Welt.

Super-size fairgrounds: The Cannstatt fair (Stuttgart Beer Festival) is the second largest in the world.

Fêtes foraine XXL : la fête foraine de Cannstatt (fête de la bière) est mondialement la seconde, de par son importance.

Auch in Untertürkheim, wo der Weltkonzern DaimlerChrysler ansässig ist, finden sich stille Winkel.

Even in Untertürkheim, where the international DaimlerChrysler group is situated, a quiet spot can be found.

Même à Untertürkheim, siège de la multinationale DaimlerChrysler, on trouve encore des coins tranquilles.

Frieder Wallenmaier im Restaurant »Alte Kelter« in Untertürkheim ist ein echter Maultaschenspezialist.

Frieder Wallenmaier at the restaurant "Alte Kelter" in Untertürkheim is a real expert when it comes to making the South German speciality known as "Maultaschen".

Frieder Wallenmaier du restaurant « Alte Kelter » d'Untertürkheim est un véritable spécialiste des Maultaschen.

In einer der zahllosen Besenwirtschaften

In one of the countless "Besenwirtschaften" (literally translated: "broom wine-bars"—where the wine-grower privately sells his own at the start of the season, recognisable by a broom hanging at the door)

Dans l'un des multiples bars à vin

Papier
Rest-Müll

Sommer,
Sonne,
Inselbad

Summer,
sun and
swimming
at the
Inselbad

Eté, soleil,
la piscine
d'Inselbad

Der Stadtteil Wangen ist
traditionelles Arbeiterrevier.

Stuttgart-Wangen is a traditional worker's district.

Traditionnellement, Wangen a toujours été
un quartier ouvrier.

Friedhofsruhe ins Bild gesetzt

Peace and quiet of the cemetery—
put into the picture

Invitation au calme du cimetière

Eine der ältesten Kirchen Stuttgarts ist die Michaelskirche in Wangen, die um 1250 erbaut wurde.

One of the oldest churches in Stuttgart is the Michaelskirche in Wangen, which was built in 1250.

La Michaelskirche de Wangen, l'un des plus anciens édifices religieux de Stuttgart, date de 1250.

Rhenania
Tragfähigk. 6/12t-25/11m
Baujahr 1957
FRIES

Das Hafenviertel in Hedelfingen

The harbour area in Hedelfingen

La zone portuaire d'Hedelfingen

5.30 Uhr am Morgen:
Am Hafenbecken stehen die Kräne noch still.

5.30 a.m.:
At the harbour basin the cranes are yet standing still.

5h30 du matin :
dans les bassins portuaires, les grues sont encore au repos.

Die Früchte der
Landschaft:
Essig aus Rohracker

Fruits of the
landscape: vinegar
from Rohracker

Les produits du pays:
vinaigre de Rohracker

Stuttgarts wahres Weindorf
heißt Uhlbach und liegt am Fuß
des Württembergs.

Stuttgart's true wine village
is called Uhlbach and lies at the
foot of the Württemberg.

Véritable village de vignerons
de Stuttgart, Uhlbach, est situé
au pied du Wurtemberg.

Das Neckartal ist auch
ein Weinanbaugebiet.

The Neckar Valley
is a wine-growing area.

La vallée du Neckar
est couverte de vignobles.

Für das Weinbaumuseum gibt es in Stuttgart keinen passenderen Platz als die Alte Kelter in Uhlbach.

There is no better place in Stuttgart for the Viniculture Museum than the winepress, Alte Kelter, in Uhlbach.

A Stuttgart, le vieux pressoir d'Uhlbach est un lieu idéal pour le musée de la viticulture.

Uhlbachs Altes Rathaus
aus dem Jahr 1612

Uhlbach's old town hall,
Altes Rathaus, built in the year 1612

La vieille mairie d'Uhlbach
date de 1612

Grape harvest in the vineyard owned by Fritz Currle, a long-established Uhlbach wine-grower

Vendanges dans le vignoble de Fritz Currle, viticulteur de longue tradition à Uhlbach

Folgende Doppelseite:
Die Grabkapelle auf dem Württemberg ist Ruhestätte Königin Katharinas und König Wilhelms I. von Württemberg.

Next double page:
The burial chapel on the Württemberg is Queen Katharina and King Wilhelm I of Württemberg's final resting-place.

Double page suivante:
La reine Katharina et le roi Guillaume Ier de Wurtemberg reposent dans la chapelle funéraire sur le Wurtemberg.

Pilzkrankheiten
Schädlingsbekämpfung

CHEMO

St. Helens (Großbritannien), Straßburg (Frankreich), Cardiff (Großbritannien), St. Louis (USA), Brünn (Tschechien), Lodz (Polen), Samara (Russland), Menzel Bourguiba (Tunesien), Mumbai (früher Bombay, Indien), Kairo (Ägypten). Auf der oberen Königstraße symbolisiert ein Ring mit den Wappen der Stuttgarter Partnerstädte die freundschaftlichen Beziehungen ins nahe und ferne Ausland.

St. Helens (Great Britain), Strasbourg (France), Cardiff (Great Britain), St. Louis (USA), Brünn (The Czech Republic), Lodz (Poland), Samara (Russia), Menzel Bourguiba (Tunisia), Mumbai (formerly Bombay, India), Cairo (Egypt). At the upper end of Königstraße a large ring displaying the coats of arms of Stuttgart's twin towns symbolises its friendly relations to countries both near and afar.

St. Helens (Gande Bretagne), Strasbourg (France), Cardiff (Grande Bretagne), St. Louis (USA), Brünn (Tchéquie), Lodz (Pologne), Samara (Russie), Menzel Bourguiba (Tunisie), Mumbai (autrefois Bombay, Inde), Caire (l'Égypte). Dans le haut de la Königstraße, une couronne de blasons symbolise l'amitié existant entre Stuttgart et ses villes jumelées, dont certaines se trouvent à l'autre bout du monde.

1. Auflage 2006

Übersetzung ins Englische: Hamida Aziz, Tübingen.
Übersetzung ins Französische: Claudine und Jürgen Bartelheimer, Angers.
Umschlaggestaltung: Frank Butzer, Tübingen.
Druck: Gulde-Druck, Tübingen.
Printed in Germany.

ISBN-10: 3-87407-700-4
Ab 2007 ISBN-13: 978-3-87407-700-2

Besuchen Sie uns im Internet und entdecken Sie die Vielfalt unseres Verlagsprogramms:
www.silberburg.de

Auf dem Einband:
Die Spitze des Stuttgarter Fernsehturms ragt aus dem Morgennebel.
Einbandrückseite:
Straße mit Aussicht: Vor der Birkenwaldstraße erstreckt sich der Stuttgarter Talkassel. Im Hintergrund der Fernseh- und der Fernmeldeturm (links).
Vorderes Vorsatzpapier:
Südliche Tage rund um den Hans-im-Glück-Brunnen.
Seite 1:
Das Wappentier Stuttgarts, das Rössle, erinnert an den mittelalterlichen Stutengarten – die Keimzelle der Landeshauptstadt.
Seite 2/3:
Streifenspiel: Im postmodernen Glaskubus des Kunstmuseums spiegeln sich Gegenwart und Vergangenheit.

Cover Foto:
The tip of the Stuttgart television tower jutting out of the morning fog.
Back cover:
Street with a view: The Stuttgart valley basin stretches out before the Birkenwaldstraße. In the background, the television and telecommunications towers (to the left).
Front inside cover:
Southern days around the fountain, Hans-im-Glück-Brunnen.
Page 1:
Stuttgart's heraldic animal, the little steed, is a reminder of the mediaeval stud farming estate—the nucleus of the regional capital.
Page 2/3:
A pattern of stripes: In the art museum's post-modern glass cube both present and past are reflected.

Couverture:
La pointe de la tour de la télévision émerge du brouillard matinal.
Quatrième de couverture:
Une belle vue : de la Birkenwaldstraße, on domine la cuvette de Stuttgart.
A l'arrière plan, les tours de la télévision et des télécommunications (à gauche).
Page de garde avant:
Atmosphère estivale autour de la fontaine Hans-im-Glück.
Page 1:
L'emblème de Stuttgart (das Rössle) nous renvoie au Stutengarten (jardin des juments) où naquit la capitale du Land au Moyen-âge.
Page 2/3:
Jeu de rayures : présent et passé se reflètent dans le cube de verre postmoderne du Musée des Beaux-Arts.

Bildnachweis:
Brinkhoff/Mögenburg, Stage Entertainment: Seite 123,
Roland Halbe: Seite 75,
Landeshauptstadt Stuttgart, Stadtmessungsamt: Hinteres Vorsatzpapier (beide Karten),
Mercedes-Benz Museum Stuttgart: Seite 159,
Dr. Ing. h. c. F. Porsche AG: Seite 137,
Stuttgarter Ballett: Seite 60 unten,
SWR/Korte: Seite 94 unten.
Alle anderen Fotos: Niels Schubert, Stuttgart (www.schubert-fotograf.de). Backoffice, Recherche und Koordination: Anne Primke. Pilot: Martin Losberger, Stuttgart.

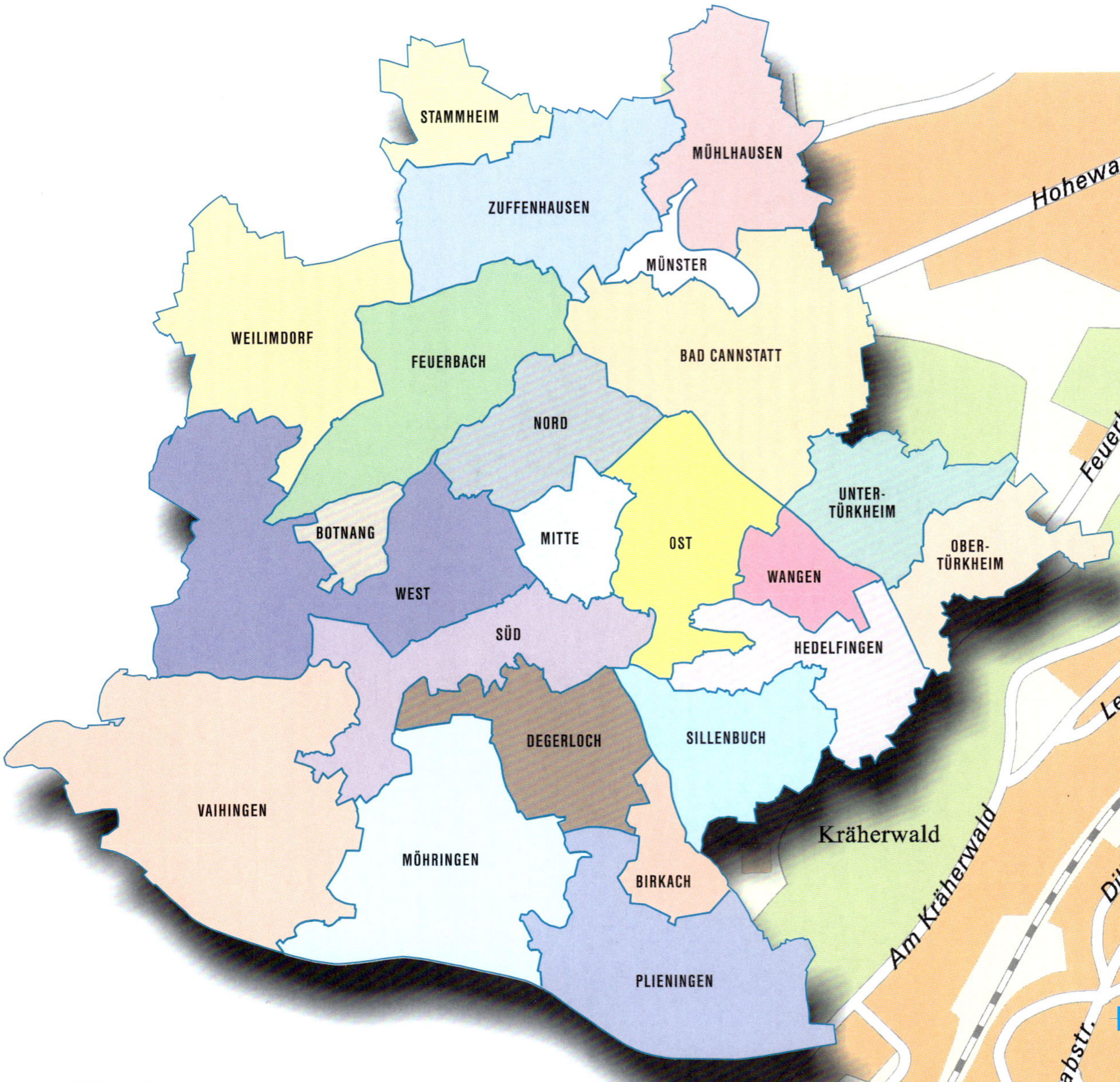

Die Stuttgarter
Stadtbezirke

Der Talkessel